ORDONNAN-
CES ET REGLEMENT
TOVCHANT L'EXERCI-
ce des Preuost & Visbail-
lifs de Normandie.

A ROVEN,

Chez Martin le Mesgissier, Imprimeur ordinaire
du Roy, tenant sa bouticque au haut
des degrez du Palais.

1606.

Auec priuilege dudit Seigneur.

ORDONNANCES ET

reglement touchant l'exercice des Pre-
uoft & Vifbaillifs de Nor-
mandie.

SVR les remonftrances faites au Roy, que pour rendre plus vtile à fes fubiets de la Prouince de Normandie, le nou- ueau eftabliffement fait en icelle d'vn Preuoft general en tiltre d'office, & des Lieutenans de robbe courte foubs luy au lieu des Vifbaillifs & autres qui y fouloient eftre, il eftoit requis faire quelque bon reglement, par le moyen duquel les contétions & difputes qui pour- roient arriuer entr'eux & les Officiers ayans la charge & adminiftration de la Iuftice ordinaire dans ledit pays, foyent affopies & chacun d'eux re- tenu dans le pouuoir & iurifdiction qui luy eft at- tribuee par les ordonnáces. L E R o y eftant en fon Confeil, auquel affiftoient Monfieur le Conneftable, & Meffieurs les Marefchaux de Briffac & de Lauerdin. Apres auoir oy le Sieur du Vicquet fon Aduocat general au Parlement de Roüen, & de-

A ij

puis le Procureur general en iceluy Parlement. Enſemble le Sieur du Rollet pourueu dudit office de Preuoſt general, & aucuns de ſes Lieutenans de courte robbe, veu auſſi les articles & pieces qu'ils ont reſpectiuement produit, le raport du Commiſſaire oy, & tout conſideré.

I.

A ordonné & ordonne que les Edits, Ordonnances, & reglemens fais pour l'eſtabliſſement de la iuriſdiction des Preuoſts des Mareſchaux & Viſbaillifs ſur les perſonnes, & és cas & crimes dont la cognoiſſance leur eſt attribuée, ſeront inuiolablement gardees, ſans qu'il ſoit loiſible aux Courts de Parlement ny à tous autres Iuges d'y contreuenir, ce que ſa Maieſté leur deffend par expres, à peine de nullité des procedures, & des iugemens qui ſeront par eux donnez, & contre les parties qui auront fait leſdites pourſuites de tous dommages & intereſts.

I I.

E t pour l'eſclarciſſement & interpretatió d'aucuns articles contenus eſdits reglemens, & inſtruire auſſi plus particulierement tant ledit Preuoſt general que ſes Lieutenans, de ce qu'ils auront à faire pour bien & ſincerement exercer leurs charges, veut en premier lieu, que les Lieutenans de courte robbe dudit Preuoſt general, facent leur reſidence ordinaire chacun en vn Bailliage certain. Et neantmoins ſeront tenus ſe mettre enſemble, & aſſiſter l'vn l'autre quant il ſera beſoin. Comme auſſi de ſe rendre auec leurs Archers pres ledit Preuoſt general à ſon premier mandement,

I I I.

Eт pource que leur principal soing & deuoir
consiste à repurger la prouince de volleurs,& faire
que chacun y puisse aller, venir,& seiourner en toute seureté,tiendront les champs,& seront ordinaire-
ment par les grands chemins, passages,ponts & fo-
rests y faisans leurs cheuauchees, pour assister les
marchans & autres passagers. Arrester & prendre
les volleurs, guetteurs de chemin, vagabons,& autres gens sans adueu & mal-viuans,& pour y mieux
& plus soigneusement vacquer, leur deffend de seiourner dans les villes, sinon pour causes necessaires
& legitimes,à peine de priuation de leurs Estats.

I I I I.

Avront aussi la cognoissance & iurisdiction
par preuention auec les Iuges ordinaires, sur les domiciliez de quelque qualité qu'ils soyent, és cas qui
sont declarez Preuostaux par les ordonnâces, pourueu toutesfois, & non autrement que lesdits domiciliez, ayent esté pris & apprehendez par eux, & le
delict commis hors le lieu & ville de leur residence,
enquoy les gens d'Eglise ne sont compris, contre
lesquels il ne leur est permis de prendre aucune cognoissance pour quelque crime que ce soit.

V.

Encores que le crime de fausse monnoye
soit de ceux dont la cognoissance est attribuee aux
Preuosts des Mareschaux,mesmes contre les domiciliez tant en la fabrication qu'exposition d'icelle,
estant neantmoins sa Maiesté bien aduertie que les
Visbaillifs de ladite Prouince s'en sont adressez cy
deuant à de pauures laboureurs & gens simples,sous

pretexte qu'ils auoient exposé par erreur quelque
fauſſe piece, & iuſques à deux ou trois ſeulement
parmy vne grande quantité de bonne monnoye,
veut que la cognoiſſance en appartienne priuatiue-
ment audit cas aux Iuges ordinaires, & non audit
Preuoſt general ou à ſes Lieutenans.

V I.

Ayans auſſi du paſſé aucuns archers eſté conuain-
cus & punis de mort pour auoir ietté de faux coins
és maiſons de quelques laboureurs & payſans, ſous
pretexte d'y faire recherche, ou de les prendre comme ſoupçonnez & attains de crime de fauſſe monnoye, ordonné pour empeſcher telles ſuppoſitions
à l'aduenir, leſdits Archers voulans entter és maiſons pour y faire leſdites recherches. Se feront aſſiſter de quelques voiſins & autres records, gens de
bien, dont ils chargeront leurs procez verbaux.

V I I.

E t ſur la plainte faite de ce que les Viſbaillifs &
leurs Archers auoient accouſtumé pour intimider
le peuple de porter des armes à feu par tout, & lors
meſmes qu'ils entroient és auditoires ou la Iuſtice
s'exerce, deffences leur ſont faites de les porter dans
les lieux ou la Iuſtice s'exerce, ny és villes, ſinon en y
entrant & ſortant, ou lors qu'ils voudront proceder
à la capture de quelque criminel.

V I I I.

D E F F E N D audit Preuoſt general & à ſes
Lieutenans de védre les Eſtats de leurs Archers ſur
peine de punition exemplaire. Et de n'en prendre
aucuns qui ne ſoient domiciliez, de bonne reputa-

tion, & non leurs domestiques.

I X.

Veut aussi que le mesme choix soit fait des per-
sonnes de leurs Greffiers, & qu'ils resident en la ville ou bourg de Bailliage, ou le Lieutenant, sous lequel ils deuront exercer leurs charges, sera estably,
afin que les parties y puissent auoir recours pour les
expeditions dont elles auront besoin.

X.

Seront tenus tant lesdits Preuost general que
ses Lieutenans auant que receuoir lesdits Archers &
Greffiers, de les presenter aux Baillifs ou à leurs
Lieutenans, pour estre informé d'office à la Reque-
ste du substitut du Procureur general dudit Parlement de leur qualité, vie & mœurs, & s'ils auront
desboursé aucuns deniers pour y paruenir, dont ils
seront tenus se purger par serment auant qu'estre
receuz à l'exercice desdites charges.

X I.

Et pour le regard desdits Lieutenans de courte
robbe, qui tiennent à present le lieu des Visbaillifs
encor que leur reception doyue estre faite par deuant les officiers de la Mareschaussee, sera semblab-
lement l'information d'office de leur qualité, vie
& mœurs, faite pardeuāt les Baillifs ou Lieutenans
generaux du Bailliage de leur residéce, puis enuoyee
close & seellee aux officiers de ladite table de marbre, pour y auoir esgard auant que proceder à l'exa-
men & reception desdits Lieutenant.

X I I.

Et afin d'empescher qu'aucun ne prenne la

qualité d'Archer induëment , & pour s'exempter
des tailles sans en faire la charge, roolle sera fait par
les Greffiers desdits Lieutenans en chacun Bailliage, qui contiendra leurs noms , qualitez & demeu-
rances,& ce dans vn moys apres que lesdits Archers
auront esté receuz , ou qu'il y en aura quelqu'vn de
nouueau pourueu en la place d'vn autre , outre lesquels rooles particuliers qui demeureront au Greffe
de chacun Bailliage , en sera fait vn general à la di-
ligence dudit Preuost general , ou tous lesdits Archers seront escrits & nommez , & ledit roole enuoyé chacun an au Greffe de la Court des Aydes à
Roüen. A faute dequoy lesdits Archers ne iouïront
d'aucune exemption.

XIII.

SERONT tenus tant ledit Preuost general
que ses Lieutenans enuoyer les procez verbaux de
leurs cheuauchees , de trois mois en trois mois à
Monsieur le Chancelier , ou à Monsieur le garde
des seaux. Et de les communiquer aussi au Procureur general dudit Parlement , quant ils en seront
requis, à peine de suspension de leurs offices, & de
priuation de leurs gages. Comme aussi de se presenter tous les ans à l'assemblee des Estats de la Prouince pour y faire veoir & recognoistre le bon denoir
qu'ils auront fait en leurs charges.

XIIII.

ET pource que la charge dudit Preuost general
& de ses Lieutenans , depend de la iurisdiction de
Monsieur le Connestable, & de Messieurs les Mareschaux de France, à la table de marbre, ausquels
ils

ils sont par ce moyen tenus rendre compte de leur
function & deuoir. Leur enioint aussi sadite Maiesté sur les mesmes peines d'enuoier leurs procez verbaux de trois mois en trois mois, audit sieur Connestable, & en son absence ausdits sieurs Mareschaux, afin qu'ils en soient instruicts & informez &
apportent ce qui sera de leur authorité pour faire
que lesdits Preuost general & ses Lieutenans s'en ac-
quittent sincerement & comme il est requis pour le
bien & soulagemét de ses subiets és cas & matieres
qui leur sont attribuees par les ordonnances.

X V.

LE V R enioint encor d'executer les decrets des
Iuges ordinaires quant ils en seront requis, & afin
que lesdits Lieutenans en soiét mieux aduertis, veut
qu'ils se trouuent aux premiers iours des assises des
Bailliages, ou ils doyuent le seruice.

X V I.

PROCEDERONT aux interrogatoires des
prisonniers dans les vingtquatre heures apres leur
prise, & mettront les procez en estat d'estre iugez
deux moys apres à peine de tous dommages & inte-
rests des parties.

X V I I.

ET pource que les Visbaillifs ont du passé pretendu, & se sont mesmes quelquesfois attribué la
cognoissance des querelles & debats qui súruenoiét
fortuitement entre les particuliers allans ensemble
ou se rencontrans par les champs & grãds chemins,
comme si c'eust esté vne vollerie ou force public-
que. Declare sadite Maiesté lesdits excez n'estre de

B

ladite qualité ny de leur cognoiſſance, mais de celle
des Iuges ordinaires.

X V I I I.

L E D I T Preuoſt general & ſes Lieutenans ſeront aſſiſtez à l'inſtruction des procez, meſmes aux
interrogatoires, recollemés, & confrontations du
Lieutenant de longuerobbe, ou de l'vn des officiers
du ſiege preſidial du Bailliage plus prochain, à peine
de nullité deſdites procedures.

X I X.

N e pourront ſur les meſmes peines, & de punition exemplaire transferer d'vn ſiege en autre les
priſonniers, ſoit pour ladite inſtruction ou iugemét:
mais ſerót tenus y proceder au ſiege du reſſort, dans
lequel la capture aura eſté faite ou le delit commis.

X X.

I N V E N T A I R E ſera faite par ledit Preuoſt general ou ſes Lieutenans & leurs Greffiers de tous les
biens qu'ils auront pris & ſaiſi ſur les priſonniers,
appellé vn notable bourgeois ou habitant du lieu,
& ledit inuentaire enuoyé au Greffe du ſiege preſidial plus prochain, pour eſtre leſdits biés employez
ſelon que par Iuſtice en ſera ordonné, leſquels meu-
bles ainſi par eux ſaiſis, ils ne pourront faire dépla-
cer ny vendre, mais les laiſſeront en garde à vn voi-
ſin reſſeant & ſoluable qui s'en chargera.

X X I.

D E F F E N D audit Preuoſt general & à ſes Lieutenans de prendre ſallaire & vaccations pour quelque fait & cauſe que ce ſoit, encor qu'il y euſt partie
ciuile, à peine de priuation de leurs offices, & ſur

mefmes peines aux officiers des fieges prefidiaux
de prendre aucunes efpices pour les iugemens d'incompetence.

X X I I.

E T parce qu'on s'eft plaint cy deuant des Vifbaillifs qu'ils prenoient cognoiffance indifferem-
ment de toutes chofes,& trauailloient par ce moyen
les parties remettans à faire iuger auec fraiz & lon-
gueur ladite incompetence,s'ingeroient en outre de
cognoiftre des crimes, dont les Iuges ordinaires
auoient defia cogneu, & donné mefme leur iuge-
ment,dont il n'y auoit appel, ou qui eftoit confirmé
par Arreft du Parlement. Sa Maiefté leur enioint
de s'abftenir de la cognoiffance des caufes, qui no-
toirement ne leur font attribuees, ains renuoyer in-
continent les parties par deuant les Iuges ordinaires, fans les contraindre de faire iuger l'incompetence, à peine d'eftre tenus à leurs dommages & in-
terefts, leur fait auffi deffence fur les mefmes peines
de cognoiftre des crimes inftruits & defia iugez par
les Iuges ordinaires,dont il n'y a appel, ou dont les
iugemens auront efté confirmez par Arreft.

X X I I I.

E S T A N T auffi raifonnable & neceffaire pour
contenir en deuoir tous lefdits Officiers & leurs Archers, que les fubiets de ladite Prouince qui auront
quelque iufte occafion de fe plaindre d'eux,ayant la
Iuftice dans le pays mefme : fans eftre contrains de
l'aller rechercher au loing,foit à la Marefchauffee à
Paris ou ailleurs,comme ont pretendu cy deuant aucuns defdits officiers, lefquels foubs ce pretexte ont

fait souffrir de grandes vexations, iniures, pertes, &
dommages à plusieurs particuliers, qui n'auoient
moyen de faire lesdites poursuittes, en lieu & par
deuant des Iuges si esloignez d'eux. Veut & ordonne sadite Maiesté que tous lesdits Officiers, Greffiers, & Archers, soiét tenus respondre en toutes causes, tant ciuiles que criminelles par deuant les Iuges
ordinaires, & par appel au Parlement de Roüen, &
pour le regard des fautes qu'ils pourroient com-
mettre en leurs charges, qu'il y soit procedé comme
il a esté fait du passe, attendant que sadite Maiesté y
ait pourueu par vn reglement general, ce qu'elle
espere faire dans peu de iours. Fait à Paris le vingt-
deuxiéme iour de Feburier mil six cens six.

Signé,   HENRY.

Et plus bas,

                                    POTIER.

ENRY par la grace de Dieu Roy de France & de Nauarre, à nos amez & feaulx Conseillers les gens tenans nostre Court de Parlemēt à Roüen, Salut. Sur l'instance que nous a fait cy deuant nostre amé & feal Conseiller Maistre　　　　du Vicquet nostre Aduocat general en nostredite Court, & depuis nostre Procureur general de la part d'icelle, de donner l'ordre & reglement necessaire entre nostredite Court, les Presidiaux, Baillifs, Lieutenans, & autres Officiers ordinaires de la Iustice, & le Preuost general de nostre pays & Duché de Normandie, & ses Lieutenans & autres Officiers submis à sa charge, sur les contentions, pretentions, & differens de iurisdiction qui naissent iournellement entre les vns & les autres pour les functions de vos charges. Nous estant en nostre Conseil ou assistoiēt nos chers & bien

amez cousins les Duc de Montmorency,
Pair & Connestable, & les Sieurs de Brissac
& de Lauardin, Mareschaux de France, apres
auoir ouys respectiuement nosdits Aduocat
& Procureur general. Ensemble le Sieur du
Roollet à present Preuost general sur leurs-
dits differens. Auons fait conclud & arresté
les ordonnances & reglemens contenus au
cahier cy ioint soubs le contrescel de nostre
Chancellerie, ausquelles estât necessaire pour
le deu des charges des vns & des autres qu'il
soit obey & satisfait. Nous voulons, vous
mandons & ordonnons que lesdites ordonnances & reglement cy comme dit est atta-
chez, vous ayez à faire lire & registrer aux
Greffes tant de nostredire Court que des
Bailliages, sieges Presidiaux, & autres iurisdi-
ctions du ressort de nostredite Court, & le
tout faire suyure, garder & obseruer plaine-
ment & paisiblement, ores & pour l'aduenir
sans y contreuenir ny souffrir qu'il y soit
contreuenu soubs quelque pretexte & ex-
cuse que ce soit. Mandons en outre pour
mesme effet, & pour oster toute occasion
de controuerse, & entretenir toute bonne
correspondance entre vous lesdits Baillifs
Presidiaux, Iuges ordinaires, & ledit Preuost
general, ses Lieutenans & officiers estans

foubs fa charge, que l'edit de l'eftabliffement
& dernier reglement par nous fait de la com-
pagnie & charge dudit Preuoft, vous faites
quant & quant regiftrer, lire, & publier par
tout ou il appartiendra, & au contenu vous
conformer & vous faire obeir tous ceux qu'il
appartiendra, fans plus y faire par vous aucun refus ne difficulté, ainfi que ià vous a efté
mandé par ledit Edit, ceffant fur ce & faifant
ceffer tous troubles & empefchemens à ce
contraires. Car tel eft noftre plaifir. Donné à
Paris, le vingtdeuxiefme iour de Feburier,
l'an de grace mil fix cens fix. Et de noftre re-
gne le dixfeptiefme.

Signé,   HENRY.

Et plus bas,

PAR LE ROY.

POTIER.

Et feellé fur fimple queuë du grand fceau
de cyre iaulne.

cre droict regalien, ny constit de la com-
gne declarg... Et Prenons vous Faites
quant ce que... lire, & publier par
tout cu il appartiendra, & au contenu vous
conformer & vous faire obeir tous ceux q il
appartiendra, Car plus y faite par vous au-
que mandollez ce, ainsi que la vous a ché
mande par le dit Edit, ceslum fur ce & faisant
cesser tous troubles & empeschemens à ce
contraires, Car tel est nostre plaisir. Donné à
Paris le vingt sixiesme jour de Feburier,
an de grace mil six cens six. Et de nostre ro-
gne trt neufuiesme

Signé   HENRY,

Et plus bas,

PAR LE ROY.

Potier

Et scellé sur simple queue du grand seau
de cyre iaune.